ALLES WIRD GUT.

PHILIPP MADERTHANER

Philipp Maderthaner
Alles Wird Gut
15 Wege zu Erfolg und Erfüllung.
ISBN: 978-3-200-06741-7

Verlag: Business Gladiators GmbH

Gölsdorfgasse 4/6

1010 Wien, Österreich

Fotos: Envato Pty Ltd; Fifteen Seconds GmbH

INHALTSVERZEICHNIS

Allen, die ihre Träume verfolgen, die Großes bewegen wollen. Und die sich dabei selbst aushalten müssen. Ich bewundere euch, ich verehre euch. Ich bin einer von euch.

00

NUMMER NULL

Warum?

Finde dein Warum! Lebe deinen Traum! Folge deiner Leidenschaft! Geh deinen Weg! Mach dein Ding! Danke für den tollen Ratschlag. Das dachte ich mir vor etwa sieben Jahren, auf meinem Sofa sitzend, am Tiefpunkt meiner Sinnkrise.

Die haben ja alle keine Ahnung. Wenn das nur so einfach wäre. Offenbar bin ich der einzige Idiot, dem das nicht gelingt. Gerade habe ich mich von einem Job verabschiedet, ohne Plan, was als Nächstes folgen soll. Fast so, als hätte ich mich die letzten Jahre verirrt. War das wirklich der richtige Weg für mich? Und vor allem: Wohin soll er mich jetzt führen?

Rundherum gründen alle ihre fancy Startups, machen ihre perfekten Karrieren, leben ihre durchgestylten Leben. Nur ich hab' keine Ahnung, was „mein Ding" ist, „mein Warum" oder "meine Leidenschaft".

Dabei sollte ich das wohl langsam. Ich sage nur: fast 30. Noch Fragen? Man kann ja in diesem Alter nicht einfach „irgendetwas" machen – oder noch schlimmer: nichts tun. Es muss schon Sinn machen. Den Weg bereiten dafür, wo man eigentlich hinwill.

Das Problem ist nur: Ich weiß nicht, wo ich hinwill. Was werden meine Freunde sagen, wenn mein nächster Schritt so was von keinen Sinn macht? All die Leute, die bisher dachten, ich wäre eigentlich ganz erfolgreich unterwegs – was werden sie sagen? Was, wenn ich falsch abbiege? Kann ich das jemals wieder aufholen oder ist mein Leben dann ruiniert und ich werde niemals erleben, wie es ist, Erfolg und Erfüllung im eigenen Tun zu erfahren – sein „Warum" zu finden, sein „Ding" zu machen, seine „Leidenschaft" zu leben? Es ist die Art von Unterhaltung, die man nicht gerne führt. Schon gar nicht mit sich selbst.

Sieben Jahre später kann ich sagen: Es war ein heilsames Gespräch, das ich da auf dem Sofa mit mir selbst führte. Was folgte, war ein Schritt nach dem anderen. Auf einem Weg mit Erfolgen und Misserfolgen. Mit Erkenntnissen und Ärgernissen. Vor allem aber mit zunehmender Gelassenheit und Zufriedenheit.

Heute bin ich mit größter Leidenschaft Unternehmer. Heute weiß ich, dass es meine Aufgabe ist, Menschen – vor allem Unternehmerinnen und Unternehmern, und jenen, die es noch werden wollen – dabei zu helfen, mit ihrer Sache zu begeistern, zu wachsen und damit Großes zu bewegen. Ich nähere mich der Essenz meines Daseins.

Und ich ruhe in mir ob der Erkenntnis, dass ich noch lange nicht am Ziel bin.

In den vergangenen Monaten fand ich mich immer öfter in Situationen wieder, in denen ich mit meinen „Strategien“ auf diesem Weg anderen helfen konnte. Menschen, die Angst vor dem Sprung in die Selbständigkeit haben, weil sie ihr „Ding“ noch nicht gefunden haben. Junge Menschen, die sich unendlich viel Druck und Stress machen, weil sie ihren „Weg“ noch nicht vorhersehen können. Erfolgreiche Menschen, die dennoch unzufrieden mit sich sind, weil sie ihre „Leidenschaft“ noch nicht leben. Ihnen widme ich diese 15 Strategien im Umgang mit sich selbst und eine hoffentlich beruhigende Erkenntnis: Alles wird gut.

WOFÜR
BRENNST
DU?

01

NUMMER EINS

Schnauze!

Ja genau, du bist gemeint! Hör auf, ständig an dir rumzumeckern. Ich müsste schon längst wissen, was ich vom Leben will, was meine Ziele sind, wo meine Leidenschaft liegt, was mein Ding ist und wohin mich all das führt. Ich sollte schon weiter sein, erfolgreicher, wohlhabender, entschlossener, wichtiger, berühmter, anerkannter und klüger sowieso. Ich müsste dies. Ich sollte das.

Diese Stimme in deinem Kopf gehört einem kleinen Monster und dieses hat nur eine einzige Antwort verdient: Schnauze! Das Monster nenne ich übrigens das „MISI-Monster". Klingt lieblich. Ist es aber nicht. Das MISI-Monster (MISI als Akronym für „müsste-ich-sollte-ich") ist ein ausgewachsenes Killerwesen.

Es ernährt sich von deiner Lebensenergie, Lebensfreude und Zuversicht. Und es hat sich an einem ganz speziellen Platz eingenistet, in einem Spalt, um ganz genau zu sein. Dieser Spalt bietet geradezu paradiesische Lebensbedingungen für dieses Monster. Er liegt genau zwischen deinem tatsächlichen Leben und dem Blueprint, den du dafür in deinem Kopf abgelegt hast, also der Vorstellung, wie es sein müsste oder sollte.

In dieser Lücke, diesem Spalt, sitzt dieses Monster und frisst sich jeden Tag auf Kosten deiner eigenen Energie die Wampe voll. Fast wie eine Made im Speck.

Es ist Zeit, dieses Monster aus seinem Nest zu jagen. Oder besser noch: es ihm so unbequem zu machen, sodass es freiwillig die Flucht ergreift.

Wie das funktioniert? Ganz einfach: Wir schließen den Spalt. Dazu gibt es theoretisch betrachtet zwei Möglichkeiten.

Möglichkeit 1: Du änderst dein Leben von heute auf morgen so, dass es dem in deinem Kopf abgelegten Blueprint entspricht. Spalt geschlossen, Mission erledigt. Angesichts der Tatsache, dass dieses Monster jeden Tag von der nötigen Kraft und Energie zehrt, die du dafür brauchen würdest, relativ unwahrscheinlich.

Möglichkeit 2: Du erkennst, dass deine Vorstellung davon, wie es sein sollte, also dein Blueprint, oft nicht mehr ist, als das Ergebnis nicht haltbarer, genereller Annahmen oder der Idealisierung anderer – eine schlichte Projektion.

Stell dir vor, jemand würde sich dein Leben wünschen! Was würdest du sagen? Vermutlich so was in der Art wie „Sei vorsichtig, was du dir da wünschst, du hast ja keine Ahnung!“.

Tatsache ist: Wir sehen immer nur einen Teil anderer Menschen, kennen nur einen Teil ihrer Geschichte. Für jedes Beispiel, wie es sein „müsste“, gibt es eines, wie es auch anders sein „kann“.

Das Geheimnis des Lebens ist kein Kochrezept, das da draußen irgendwo vergraben liegt und nur von Auserwählten gefunden werden kann. Kein Malen nach Zahlen, wo jemand anderes die Linien für dich zeichnet und du sie nur auszufüllen brauchst.

Dein Leben hat vor dir noch niemand gelebt. Und es wird auch nach dir niemand leben. Du bist also noch nicht dort, wo du sein willst? Sprich die magischen Worte und der Spalt schließt sich: „Na und?“. Danach heißt es nur noch: Dranbleiben.

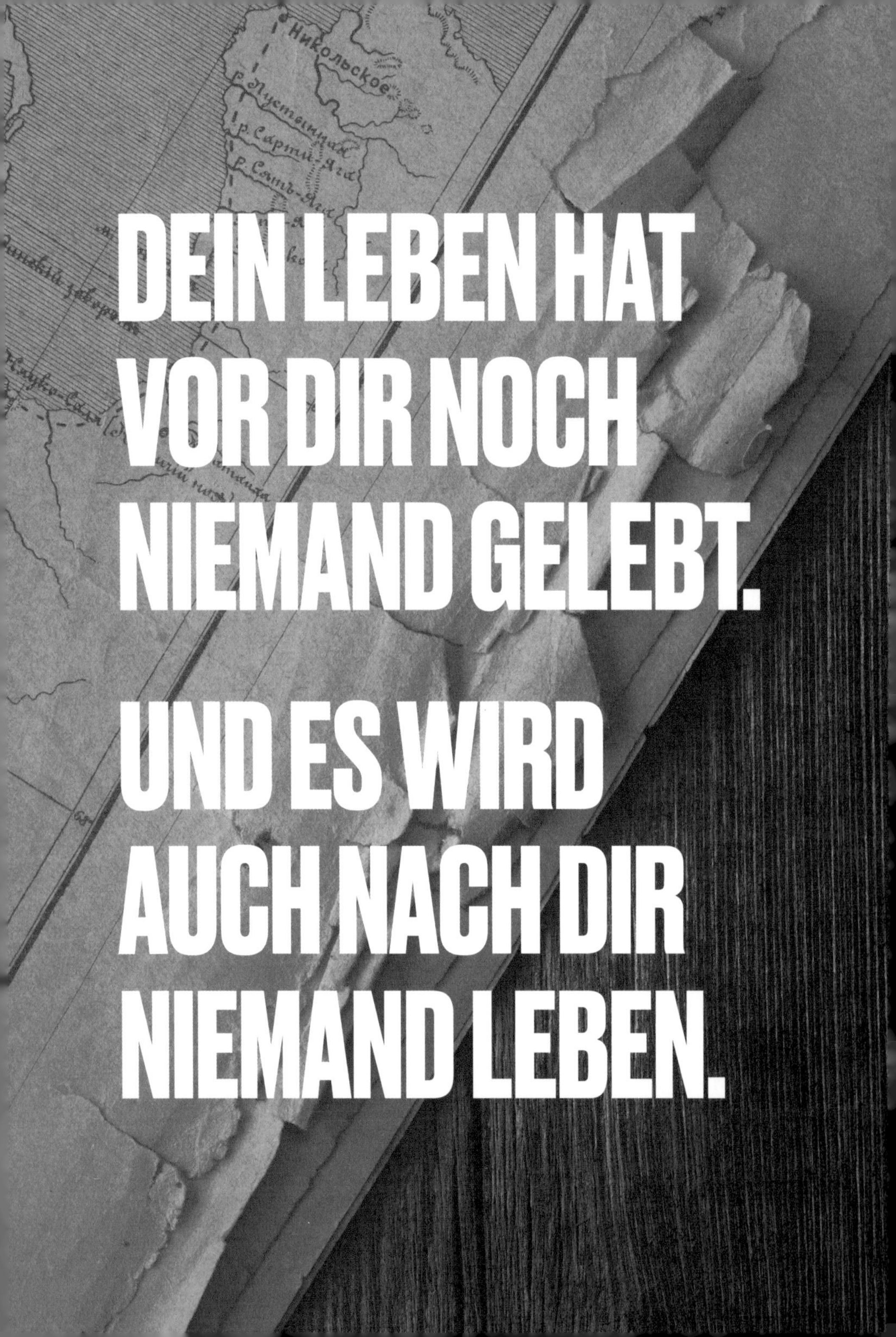
Никольское
DEIN LEBEN HAT
VOR DIR NOCH
NIEMAND GELEBT.
UND ES WIRD
AUCH NACH DIR
NIEMAND LEBEN.

Webster
Franklin
Brevard
SYLVANIA
PICKENS
VILLE
NE
SW

02

NUMMER ZWEI

Durchatmen!

Die Erleuchtung mit dem eigenen Sinn des Lebens, der Richtung, dem Weg, der Leidenschaft, dem „Warum“ – sie scheint fast so etwas wie die neue Jungfräulichkeit.

Für die einen ist es unangenehm, darüber zu sprechen. Und die anderen können es kaum zurückhalten. Hast du schon? Oder hast du noch nicht? Neidisch, natürlich nicht so, dass es auffällt, blicken wir auf jene, die durch diese Tür schon gegangen sind.

Sie sind uns voraus und wirken dabei irgendwie so... verändert. Erleuchtet eben. Und mit jedem Menschen mehr, der im eigenen Umfeld zur sinnerfüllten Lichtgestalt wird, steigt der Druck.

Wäre es bei mir nicht langsam Zeit? Müsste ich nicht längst zum Club der Erleuchteten gehören, derer, die erfüllt ihrer Leidenschaft folgen? Wissen, wo's für mich hingeht? Was mein Ding ist? Meine Mission im Leben? Gibt es hier eigentlich auch ein statistisch vorgesehenes Alter, ab dem man „auf Spur" sein müsste? Mit 20? Oder 30? Vielleicht mit 40? Mit 50 doch auf jeden Fall, oder? Mit 60, kann nicht sein, oder etwa doch?

Unlängst hatte ich nach einer meiner Keynotes ein Gespräch mit einem jungen – und noch jünger aussehenden – Mann, der mich fragte, ob es für ihn eigentlich schon zu spät sei, wenn er noch nicht genau wisse, für welchen Pfad er sich entscheiden würde. Der junge Mann war 22.

Man spürte förmlich den Druck, der auf ihm lastete. Er will Großes aus seinem Leben machen. Etwas erreichen, das Richtige tun. Dabei wäre das einzig Richtige in der Situation: Luft holen und durchatmen!

Ja, schon klar, Mark Zuckerberg hat Facebook mit 20 gegründet. Charles Flint IBM übrigens mit 61. Ferdinand Porsche sein „Ding" mit 56. Adolf Dassler folgte mit Adidas seiner Leidenschaft mit 48.

Aus- und Umsteigergeschichten gibt es genug – unabhängig von Alter, beruflichem Hintergrund oder ursprünglicher Ausbildung: von der Bankangestellten in die Human-Energetik. Vom Vertriebsmanager zum Yogi. Vom Werber zum Kaffeeröster. Oder vom IT-Experten zum Slow-Food-Gastronomen. Geschichten, die das Leben schreibt.

Du musst die Titelseite deines Lebens nicht heute in Druck schicken und damit unveränderbar die Spur legen. Vielmehr läuft's wie auf Wikipedia. Deine Story ist bis zum Ende deines Lebens „work in progress". Mal kommt ein Abschnitt hinzu. Mal eine Zeile. Und das geht oft schneller, als du denkst.

Der gute Bill Gates hat dazu eine wunderbare Weisheit von sich gegeben: "Die meisten Menschen überschätzen, was sie in einem Jahr schaffen können und sie unterschätzen, was in 10 Jahren möglich ist."

Es gibt also keinen Druck, heute ein für alle Mal den Pflock fürs Leben einzuschlagen. In 10 Jahren könnte ich Gehirnchirurg sein. Nicht, dass ich das ernsthaft anstreben würde. Aber dass es möglich ist, entspannt mich ungemein.

DU MUSST DIE
TITELSEITE
DEINES LEBENS
NICHT HEUTE
IN DRUCK
SCHICKEN.

03

NUMMER DREI

Durchschauen!

138 Minuten. Jeden Tag. 138 Minuten, so sagt die Statistik, schauen wir uns durchschnittlich die perfekten Leben der anderen auf Facebook, Instagram & Co. an. Jeden Tag. Nur um am Ende zur ernüchternden Erkenntnis zu gelangen: „Ich bin ein Loser."

Alle anderen fahren bessere Autos, machen schönere Urlaube, haben bessere Haut, verdienen mehr Geld, machen steilere Karrieren, haben erfolgreichere Unternehmen, sind schlanker, viel klüger und leben ihr Leben nach einem perfekten Plan.

Unlängst spülte es Mario in meinen Facebook-Newsfeed. Mario ist schon ein toller Bursche. Nicht nur wegen seines pinken Anzugs. Er hat sein Einkommen innerhalb eines Monats verzehnfacht, erzählt er mir in einem Video, das er in seiner Küche aufnimmt.

Dass es dort aussieht wie in einer Studenten-WG, soll mal nicht weiter irritieren. Linda posiert in perfekter Strandfigur vor einer Yacht und erklärt mir, wie sie es mit wenig Arbeit und in kürzester Zeit zur Millionärin gebracht habe. Ob die Yacht ihre eigene ist, lässt sie mal offen. Dr. Google verrät, sie gehöre einem arabischen Scheich.

Das Leben ist nicht das, was wir auf Facebook oder Instagram sehen. Sondern das, was passiert, wenn die Kamera aus ist.

Ich lade dich zu einem Experiment ein: Wenn du nächstes Mal im Urlaub oder in der Stadt unterwegs bist, achte auf Menschen, die für Selfies oder Fotos posieren. Sieh zu, wie sie sich für die Kamera inszenieren. Und noch wichtiger: Achte darauf, wie ihr Gesichtsausdruck erschlafft, sobald das Foto im Kasten ist. Wenn sie wieder ganz sie selbst sind. Mit all den Zweifeln, Sorgen, Ängsten, aber auch Hoffnungen, Wünschen und Träumen – so wie wir alle.

Die meisten Menschen zeigen in sozialen Netzwerken nicht das Leben, das sie führen, sondern jenes, das sie gerne führen möchten. Sie zeigen uns ihren Traum. Und das verwechseln wir mit der Realität.

Wir glauben tatsächlich, alles ginge einfach. Schnell. Jeder Idiot müsste es schaffen. Und fühlen uns schlecht. Meine Beobachtung ist: Wirklich erfolgreiche Menschen teilen mehr von ihren Zweifeln, ihren Niederlagen und ihren Schwächen, als von ihrem Ruhm, ihrem Reichtum und ihrer Berühmtheit.

Nur die wenigsten zeigen uns, was wirklich ist. So wie Lady Gaga, die in ihrer Oscar-Rede in Tränen ausbricht, als sie davon spricht, wie unendlich hart es ist, während alle auf den Fernsehschirmen glauben würden, es sei so einfach. Wenn Cameron Diaz sagt: „Berühmt sein ist mein Job. Wenn ich zuhause bin, bin ich nicht berühmt. Ich bin dann nur ich selbst. Wenn du zulässt, dass dein Erfolg dich definiert, wirst du niemals glücklich sein".

Der Druck, den wir uns selbst auferlegen, entsteht, weil wir glauben, es anderen beweisen zu müssen. Anderen, die es vermeintlich schon geschafft haben. Wer es für andere tut, hat Zeitdruck. Wer es für sich selbst tut, hat ein ganzes Leben lang Zeit.

Der erste – und vermutlich wichtigste – Schritt auf diesem Weg ist: die tägliche Flut an Nachrichten, Postings und Eindrücken als das zu durchschauen, was sie ist – nämlich nur der Bruchteil einer Realität.

DAS LEBEN IST
NICHT DAS,
WAS WIR AUF
INSTAGRAM
SEHEN.

04

NUMMER VIER

Hinschauen!

Kürzlich hatte ich ein Gespräch mit einem beeindruckenden jungen Mann. Erfolgreich, smart, seinen Altersgenossen um Lichtjahre voraus. Er äußerte mir seine Sorge, dass er seine wahre Leidenschaft im Leben noch nicht gefunden habe. Er tue das, was er tut, zwar sehr gerne und mit Hingabe. Doch habe er das Gefühl, dass er eigentlich schon zielgerichteter seiner „Lebensleidenschaft" folgen sollte. Diese zu finden, bereite ihm Kopfzerbrechen.

Als ich ihm sagte, dass er seine Leidenschaft mit an Sicherheit grenzender Wahrscheinlichkeit bereits in sich trage, ja sogar bereits in irgendeiner Form leben würde, er nur noch nicht in der Lage wäre, dies zu erkennen, schaute er mich nachdenklich an.

Wie kann das sein? Warum muss man seine Leidenschaft suchen, wenn man sie bereits hat? Vergleichen wir es mit einer dieser kunstvollen Eis-Skulpturen. Anfangs steht da nur ein unförmiger Eisblock. In diesem Eisblock befindet sich aber schon die Skulptur. Allein, sie ist noch nicht freigelegt, noch nicht geformt. Es braucht also die Fähigkeit, in diesem Eisblock bereits jene Skulptur zu sehen, die am Ende übrigbleiben soll. Sie schlussendlich zu formen, ist dann „nur" noch Handwerk, Arbeit und – zugegeben – viel Übung.

Was wir also trainieren sollten, ist die Fähigkeit, das Kunstwerk zu sehen, das wir am Ende unseres Lebens sein wollen. Wer schon einmal versucht hat, sich eine Sehschwäche abzutrainieren, weiß: Das kann dauern. Um schneller voran zu kommen (wer hat schon Zeit?), greifen viele Menschen sofort zum Fernrohr. Sie suchen die Antwort, das Bild von sich selbst, irgendwo da draußen. So als hätte es jemand dort versteckt, und man müsse es nur finden. Weit weg! Im schlimmsten Fall im „World Wide Web". Dabei ist das, was ihnen wirklich helfen würde, eine Lupe. Eine Lupe, um genauer hinzuschauen auf das, was bereits da ist.

Denn so viel steht fest: Leidenschaft hinterlässt Spuren. Zum Beispiel in deinem Bücherregal – egal ob digital oder analog. Zu welchen Themen zieht es dich immer wieder hin? Worüber könntest du dich stundenlang unterhalten? Was zieht dich immer wieder in seinen Bann, ob du willst oder nicht? Was tust du, obwohl es weder Anerkennung noch Geld bringt – oder zumindest nicht deswegen? Was nimmt sich Platz in deinem Leben, egal ob Zeit ist oder nicht?

Und nur, damit hier keine Missverständnisse aufkommen: Wir suchen hier nach belastbaren Beweisen, nicht nach Indizien. Intellektuelles Kopfkino nach dem Motto „Wenn ich könnte, würde ich dies studieren" oder „Wenn ich mehr Zeit hätte, würde ich dorthin reisen" sind nicht gemeint.

Wir kennen alle die Geschichten jener Menschen, die ein Leben lang davon sprechen, im Alter endlich die Welt zu bereisen, und es dann doch nicht tun, während jene, deren wahre Leidenschaft das Reisen ist, es im Rahmen ihrer Möglichkeiten immer schon gemacht haben.

Leidenschaft ist wie ein reißender Fluss: sie bahnt sich ihren Weg. Unaufhaltsam. Deine Aufgabe besteht darin, hinzuschauen und die Spuren zu lesen.

LEIDENSCHAFT IST WIE EIN FLUSS.
SIE BAHNT SICH IHREN WEG.

05

NUMMER FÜNF

Würdigen!

Was ist der nächste Schritt in meinem Leben? Das war das Thema meiner Unterhaltung vor sieben Jahren, mit mir selbst, allein, auf meinem Sofa.

Was tun? Was wäre spektakulär? Wo würden alle vor Neid erblassen, staunend zu mir aufschauen, begeistert applaudieren? Vielleicht als Aussteiger Bienen züchten? Das Staunen der Anderen wäre mir sicher. Die Situation, vor meinem Leben zu sitzen, wie vor einem weißen Blatt Papier, war neu für mich.

So genau hatte ich mir das nicht überlegt, als ich meinen Job hinschmiss. Ohne Ahnung, was als Nächstes für mich folgen sollte. Die vorangegangenen Jahre waren rückblickend gesehen wie im Flug an mir vorbeigezogen. Eine berufliche Karrierestation nach der anderen. Ein Schritt ergab den Nächsten. Ich musste mir keine Gedanken machen. Irgendwie ist alles einfach passiert, fast ohne mein Zutun. Neues Angebot hier, neue Möglichkeit dort, kurz nachgedacht, abgesagt, zugesagt, weiter ging's. Eins ergab das Nächste.

Am Ende hatte ich fast zehn Jahre im politischen Betrieb am Kerbholz. Begonnen als ahnungsloser parlamentarischer Mitarbeiter einer Abgeordneten, geendet als mehr oder weniger erfahrener Wahlkampfmacher, dem gerade sein Chef durch Rücktritt abhanden gekommen war. Und der in großen Schritten auf seinen 30. Geburtstag zusteuerte.

Ein unübersehbares Zeichen: Raus mit dir, rief das Leben! Und weg war ich. Nun saß ich da. Ohne Plan. Und noch schlimmer: ohne Idee. Mit dem gefühlten Zwang, mich neu erfinden zu müssen. Einen Hakenschlag hinzulegen, der allen beweist: Der kann auch anders. Und je länger ich dasaß, mit mir, in meinem Gespräch, auch mit mir, umso mehr kam ich zu einer heilsamen Erkenntnis.

Was ich an meinem bisherigen Job geliebt habe, waren die Kampagnen. Menschen zu bewegen, übte eine unendliche Faszination auf mich aus. Nur der Politikbetrieb, der war nichts mehr für mich. Also mache ich doch einfach weiter das, was ich mag und kann, höre ich mich heute noch zu mir selbst sagen. Nur eben, ohne Teil dieses Hamsterrades zu sein – ich mache mein eigenes Ding.

Rosinenpicken für Fortgeschrittene. Die Erkenntnis erschien mir unendlich banal. Das soll es also sein? Mein genialer nächster Schritt? Ich tue das, was ich schon immer gemacht habe, nur auf meine Weise, ohne Kompromisse und – in der Konsequenz – als Unternehmer für andere Unternehmen?

Das war an Banalität wohl nicht zu überbieten. Für mich. Wie sich in den Jahren darauf herausstellte, war das, was ich konnte und liebte, wohl nur für mich banal (wohl kaum wäre sonst jemand bereit gewesen, dafür Geld zu bezahlen).

Kein Wunder, ich hatte es vermutlich mehr als 15.000 Stunden „trainiert". Nur ich hatte verlernt, das zu würdigen. Das Besondere in dem zu sehen, was ich jeden Tag tue. Das Einzigartige in dem zu sehen, wo ich mit Leidenschaft bei der Sache bin. Das Große zu erkennen, das ich damit bewirken konnte.

Aus dem Hakenschlag wurde also nichts. Würde irgendjemand darüber staunen? Nachdem ich es für mich tat, war mir das egal.

DIE GRÖSSTEN
SCHRITTE
SCHEINEN OFT
BANAL ZU SEIN.

06

NUMMER SECHS

Ärgern!

Ich würde mich ja gerne selbständig machen, ich habe nur noch kein Produkt, keine Idee gefunden. Mehr als einmal habe ich diesen Satz gehört.

Die Suche nach der eigenen Leidenschaft treibt oft wundersame Blüten. Und sie klingt bei jedem etwas anders. So wie: Ich würde ja die Welt bereisen, mir fehlt nur die Zeit.

Am Ende ist unser Gehirn Meister im Zurechtbiegen. Es gibt rational gesehen immer gute Gründe für alles – und noch mehr dagegen. Rational. Womit wir schon beim eigentlichen Thema sind.

Leidenschaft ist der Treibstoff für jedes Unterfangen. Sie ist die Energie, die einen am Laufen hält, wenn's schwierig wird. Und die Erfüllung, die sich breit macht, wenn sich Erfolge einstellen. Es ist die pure Emotion.

Mit Denken hat all das wenig zu tun. Und weil viele Menschen nach wie vor Schwierigkeiten haben, sich ihrer eigenen, vor allem positiven Emotionen bewusst zu werden, kann man mit einem einfachen Trick das eigene Hirn überlisten:

Ärgern! Das können wir doch alle, oder? Das üben wir jeden Tag. Wir ärgern uns über Dinge, die nicht so sind, wie wir finden, dass sie sein sollten. Unter denen wir leiden. And here's the good news: Auch Leiden schafft Leidenschaft.

Die Unzufriedenheit mit dem Status-Quo ist der Keim, aus dem wahrlich Großes entstehen kann. Viele herausragende Unternehmen dieser Welt bauen auf einem solch persönlich empfundenen Leid ihrer Gründerpersönlichkeit.

Es waren nicht die Produkte oder Lösungen, die am Anfang standen. Vielmehr führt uns die Unzufriedenheit mit dem Status-Quo auf die Fährte unserer tiefen Überzeugungen. Woran wir glauben, oder woran eben nicht.

Überzeugungen sind unsere Bilder von der Welt, wie sie sein sollte. Und sie zeichnen uns Felder, die wir bestellen können, mit unserem eigenen Wirken. Die Betonung liegt auf „können".

Bleibt die Frage: Will ich das auch? Und die Antwort muss nicht immer ja lauten. Wie beim Fußball, wo es Millionen Trainer im Geiste gibt, die wüssten, wie's geht. Aber machen? Fürs Machen fehlt ihnen der Biss, die Beharrlichkeit und der Wille, den es ja ohne jeden Zweifel bräuchte, um nach Jahren oder Jahrzehnten der Übung selbst in entscheidender Position wirken zu können.

Dann doch lieber Muppet statt Macher – kommentieren vom Balkon, vorm TV-Gerät oder bei einem Bier. Auch okay. Man muss nicht jedes Zepter selbst in die Hand nehmen. Aber man kann.

So wie der Bäcker, der aus tiefster Überzeugung das alte Handwerk wiederaufleben lässt, weil er nicht mehr zusehen kann, wie wir uns zunehmend mit Industrieware vollstopfen. Die Fleischer, die auf Veggie setzen, weil sie finden, dass man's mit dem Fleisch auch übertreiben kann. Jungeltern, die Zirbenbettchen für die Kleinen produzieren, weil damit ihre eigenen Kinder den besten Schlaf gefunden haben. Oder Verleger, die finden, dass die besten Geschichten immer noch das Leben schreibt und dafür eine eigene Online-Plattform gründen.

Der Grundsatz ist immer der gleiche: Ärgere dich. Und verfolge dann die Dinge, die dir wichtig genug sind.

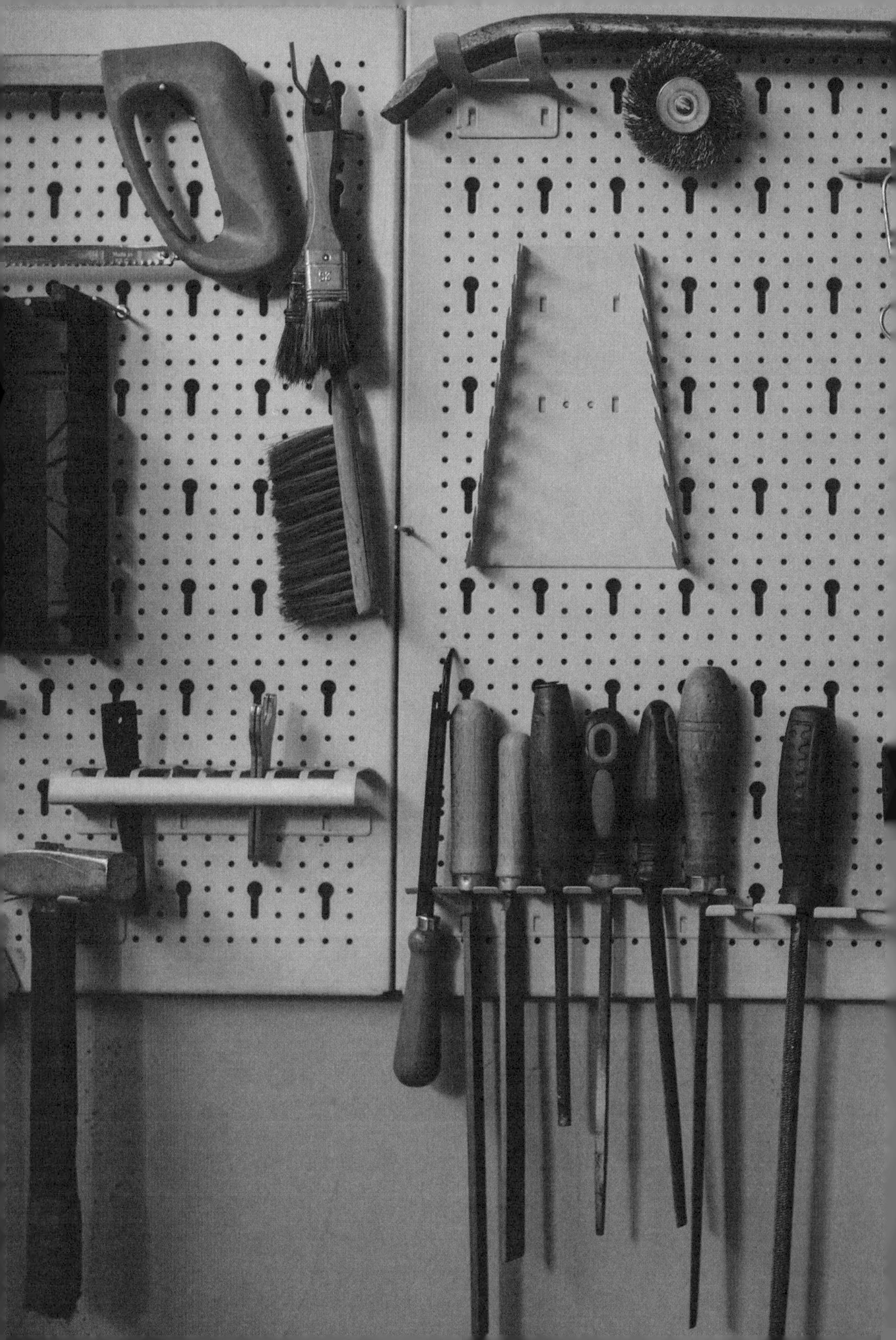

AUS UNZUFRIEDENHEIT KANN
GROSSES
ENTSTEHEN

07

NUMMER SIEBEN

Vertrauen!

Leben ist das, was passiert, während du eifrig dabei bist, andere Pläne zu machen. Was der gute alte John Lennon da so singt, hat schon was. Oder noch besser, Steve Jobs, der meinte: Es ist unmöglich, die Stationen in deinem Leben vorherzusehen.

Erst im Blick zurück werden sich die Punkte miteinander verbinden. Du musst also darauf vertrauen, dass rückblickend alles Sinn ergeben wird. Dafür musst du an irgendetwas glauben – dein Bauchgefühl, das Schicksal, das Leben, Karma, was auch immer. Meinen persönlichen Favoriten, weil an Schlichtheit und damit Brillanz kaum zu überbieten, liefert einer der intelligentesten Menschen in der Geschichte: Albert Einstein. Er reduziert es auf die Frage: Liebt mich das Leben?

Es eröffnete die Auseinandersetzung damit, was wir im Leben wirklich kontrollieren. Du, als einer von 8 Milliarden Menschen, auf einem Planeten zwischen 300 Milliarden Sternen in einer von Milliarden Galaxien. Du, dessen Herz jeden Tag 100.000 Mal schlägt und du, wie du 17.000 Mal atmest, ohne dass du Wesentliches dazu beiträgst. Du, die du alle deine Zellen innerhalb von sieben Jahren komplett erneuerst, ohne auch nur irgendwas davon mitzubekommen.

Du willst die Zukunft vorhersehen? Und auf dieser Basis dein Leben planen? Echt jetzt? Denk mal drüber nach, wie wichtige Dinge in deinem Leben bisher zustande gekommen sind. Deine Beziehung, deine Jobs, deine Freunde.

Hätte ich nicht an jenem Nachmittag als junger Teenager mit meiner Mutter eine ihrer Freundinnen besucht, deren Tochter gerade für eine Prüfung im Hotellerie-Fach büffelte, wäre ich niemals auf die Idee gekommen, meine erste Berufsausbildung in diesem Bereich zu absolvieren, was wiederum nicht dazu geführt hätte, dass ich an dieser Schule jene Menschen kennengelernt hätte, über die ich schlussendlich in der Schülervertretung gelandet bin, über die mich jene Frau kennengelernt hat, die mir meinen ersten Job als parlamentarischer Mitarbeiter verschaffte.

Wäre ich nicht in dieser Position gelandet, hätte man mich wohl kaum für eine Wahlkampfstelle in Betracht gezogen, von der aus ich, weiteren unzähligen Umständen geschuldet, eine Etappe nach der anderen nehmen durfte, die mich schlussendlich in jene

Führungsposition gebracht haben, aus der ich wiederum aufgrund des Rücktritts meines damaligen Chefs ausschied.

Wäre ich danach nicht wochenlang krank gewesen, hätte ich vermutlich meine Aufnahmeprüfungen für den MBA in den USA gemacht und mich nicht damit beschäftigt, was ich denn sonst aus meinem Leben machen sollte, was wiederum verhindert hätte, dass ich mein Unternehmen gründe, das mich schließlich zu den Erlebnissen brachte, worüber ich diese Zeilen hier verfasse, die dich gerade erreichen.

Du liest das alles hier, weil mich meine Mutter damals mitnahm, zu ihrer Freundin, vor 25 Jahren. Und du willst mir ernsthaft erklären, dass du hier die Kontrolle hast? Vertraue, gib dein Bestes – und dann entspann dich.

GIB' DEIN BESTES.
UND DANN ENTSPANN DICH.

08

NUMMER ACHT

Genießen!

Magst du das, was du tust? Oder tust du es nur, weil du dir davon in Zukunft etwas erhoffst? Geld? Anerkennung? Berühmtheit? Kannst du den Weg genießen? Oder schielst du nur aufs Ziel und hoffst, dass dich das Erreichen desselben eines Tages für all die Anstrengungen, Abstriche und den Ärger entschädigen wird?

Zum ersten Mal in meinem Leben hatte ich einen solchen Gedankengang an der Uni. Der Abschluss, dachte ich mir, der würde zum glorreichen Moment für mich und mein Leben werden. Wenn ich dann ins Ziel einlaufe, die Hände nach oben reiße und allen zurufe: I did it! Unangenehmerweise war das Studium selbst das mit dem Ziel verbundene, notwendige Übel.

Und tatsächlich lief ich ins Ziel ein und es war fantastisch. Das Gefühl hielt sogar wenige Wochen. Bis nach und nach ein Gedanke in mir reifte: Ich stehe wieder am Anfang. Und so suchte ich mir mein nächstes Ziel. Und wieder. Und wieder.

Mal war es die Karriere, mal war es ein Auto, mal waren es mehr Mitarbeiter, mal mehr Umsatz und einmal einfach nur ein paar Nullen am Konto. So kam ich nach und nach zu zwei für mich wertvollen Erkenntnissen.

Erstens: Wenn du drauf und dran bist, dein Ziel zu erreichen, sorge besser dafür, dass du rasch ein neues parat hast! Ansonsten wartet nach dem steilen Aufstieg ein Tal der Ernüchterung auf dich.

Zweitens: Nicht das Erreichen eines Ziels beschert dir dauerhafte Erfüllung, vielmehr ist es das Verfolgen deiner Ziele, verbunden mit dem Genuss, den du am Weg empfindest. Wenn du ihn denn empfindest.

Der gute Steve Jobs hat mal auf die Frage, warum es denn so wichtig sei, dass man für seine Sache brennt, gesagt: Weil man's sonst nicht aushält. Da ist was Wahres dran. Hast du Freude an dem, was du tust? Gibt es dir Kraft oder kostet es dir Energie? Würdest du es auch tun, wenn Geld und Anerkennung keine Rolle spielen würden? Wenn ja, dann genieße! Denn wer's für den Applaus macht, erlebt am Ende vielleicht eine große Enttäuschung.

Jemand „sein" zu wollen, ist eine einfache Übung. Jemand „werden" zu wollen, das ist der harte Weg. Klar, viele junge Menschen wären gerne Mark Zuckerberg, Jessica Alba oder ein anderes Rolemodel.

Milliarden am Konto, die Welt zu Füßen. So jemand „sein" zu wollen, ist keine Kunst. Aber wer ist bereit, dazu zu „werden"? Wer hätte mit Mark Zuckerberg getauscht, als er noch nicht der war, der er heute ist? Als er noch in seinem versifften Uni-WG-Zimmer vor sich hin programmierte, zwischen alten Bierdosen und Essensresten, einfach nur, weil's Spaß machte.

Wer wollte damals er „sein"? Ob Lady Gaga auch schon gerne gesungen hat, als sie noch Stefanie hieß und in kleinen Clubs auftrat? Ob Harry-Potter-Autorin J.K. Rowling schon gerne schrieb, als sich noch keiner für ihre Bücher interessierte?

Du hast den Gedanken. Es ist die Freude am Tun, die Gnade, seiner eigenen Leidenschaft folgen zu dürfen, die Lust am Lernen, am Wachsen und am sich Entwickeln – das ist es, was uns die wahre Erfüllung beschert. Das Erreichen der Ziele selbst ist nur die Kirsche obendrauf. Also genieße den Weg!

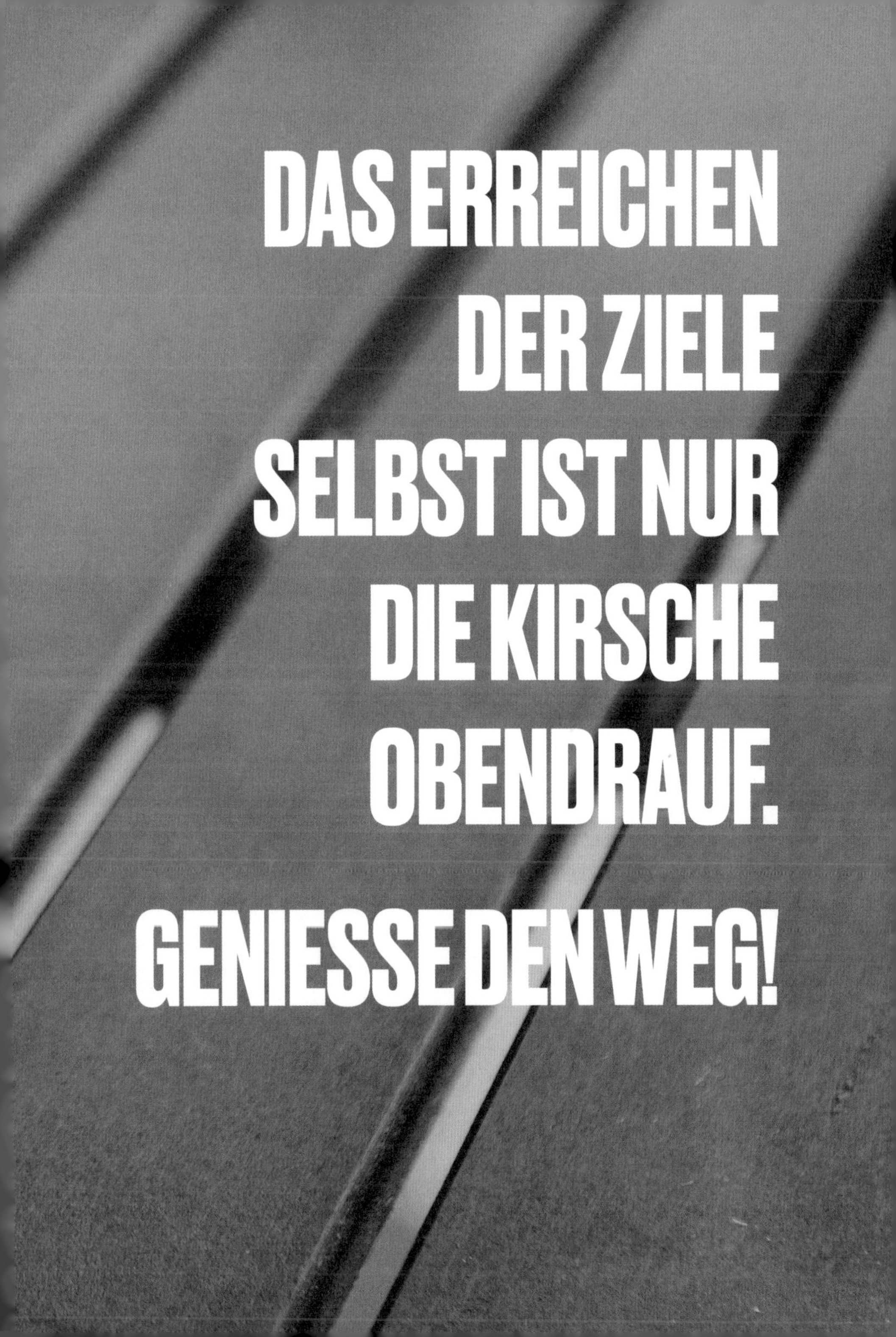
DAS ERREICHEN
DER ZIELE
SELBST IST NUR
DIE KIRSCHE
OBENDRAUF.
GENIESSE DEN WEG!

09

NUMMER NEUN

Investieren!

10.000 Stunden, so sagt man, braucht es, bis man zu ersten, zarten Ansätzen wahrer Meisterschaft in einer Sache gelangt.

Super, denkt sich der gelernte Youtube-Junkie, und klickt auf das nächste Video. Nein, nicht 10.000 Stunden YouTube. 10.000 Stunden aktives Üben und Umsetzen. Das klingt in Zeiten, in denen jemand durch ein mehrminütiges Online-Tutorial vermeintlich alles lernen kann, fast altmodisch.

Gibt's da keine Abkürzung, keine Schritte-Anleitung, keinen Quick-Fix? In 30 Tagen zum Millionär, im zweistündigen Webinar zum Social-Media-Guru, in drei Schritten zum Top-Speaker. Wozu denn Meisterschaft, fragen da manche verdutzt. So, als wäre Picasso mit Malen nach Zahlen berühmt geworden.

Doch die Verlockung ist für immer mehr einfach zu groß. Sich in einer Sache zu vertiefen, würde ja bedeuten, Milliarden andere auszulassen. Zu viele Möglichkeiten. Und so fliegen sie munter weiter von Blume zu Blume. Eine Kostprobe nach der anderen. „Been there, done that", so als wäre das Leben ein Reiseführer, in dem man so rasch wie nur möglich alles abhaken will.

Als wäre eine Zwischenlandung ausreichend, um ein Land zu kennen. "Nichts versäumen zu wollen" ist nicht zwingend die beste Strategie, um auch wirklich was zu erleben. Wie willst du deine Leidenschaft finden oder entwickeln, wenn du jedes Mal nur an der Oberfläche kratzt? Kein Schatz der Welt wurde einen Zentimeter unter der Erde vergraben.

Wie willst du Großes im Leben bewegen, wenn du selbst nicht bereit bist, zu wachsen? Wenn du jedes Mal sofort weiter ziehst, sobald der Reiz des Neuen verflogen ist und es an dir selbst wäre, für den Zauber zu sorgen?

Es sind diejenigen, die dranbleiben - die auch bereit sind, zu investieren - die am Ende selbst zu strahlenden Leuchttürmen ihrer eigenen Leidenschaft werden. Leuchttürme, die uns inspirieren, begeistern und zu denen wir aufschauen. Meisterschaft entsteht nicht über Nacht. Und es gibt auch keine Abkürzungen. Aber ist sie einmal gewonnen, überstrahlt sie alles andere fast mühelos.

Was du dazu brauchst, sind deine persönlichen Meister. Menschen, von denen du lernen willst. Denen du vertraust. Und die bereit sind, dich zu lehren. Mich erreichte dieses Geschenk in vielen Phasen meines Lebens. Mal waren es Vorgesetzte, mal fast väterliche Mentoren, dann wieder Coaches. Immer waren es Menschen, die in mir das gesehen haben, was ich so gerne in mir sehen wollte. Sie haben mich gefördert und gefordert. Und ich, ich bin drangeblieben. War bereit, tiefer zu gehen. Habe investiert. Habe mir den sprichwörtlichen Arsch abgearbeitet. Und wurde belohnt.

Plötzlich darf ich auch selbst für andere den Meister geben. Etwas beitragen zu ihrem Wachstum, ihnen dabei helfen, ihr volles Potenzial zu entwickeln und zur besten Version ihrer selbst heranzureifen.

Das gehört zu den erfüllendsten Dingen überhaupt im Leben. Es ist das wahre Geschenk der Meisterschaft, etwas zurückgeben zu können. Wer nichts investiert, dem bleibt dieses Geschenk verwehrt.

EINE ZWISCHENLANDUNG
IST NICHT AUSREICHEND
UM EIN LAND
ZU KENNEN

10

NUMMER ZEHN

Abschließen!

Wer bin ich und wenn ja, wie viele? Das fragt sich nicht nur Richard David Precht in seinem gleichnamigen Buch.

Als ich da so saß, in meinem Selbstmitleid, auf meinem Sofa, vor mehr als sieben Jahren, ging mir genau diese Frage durch den Kopf.

War es die falsche Entscheidung, meinen Job hinzuschmeißen? Immerhin verdiente ich für mein Alter ganz anständig und, was noch wichtiger war: Ich war jemand.

Ein „großer" Kampagnenmacher mit einem noch größeren Team (und Ego?), einem wunderbaren Eckbüro und ebenso schönem Vorzimmer. Man scharte sich um mich, bemühte sich um mich und meine Aufmerksamkeit, fragte nach meiner Meinung und gab ihr Gewicht.

Das Telefon klingelte unentwegt. Sogar Fachmedien interessierten sich für meine Expertise, immerhin war ich ja Kampagnenchef dieser Partei.

An einem 20. Mai hatte ich meinen letzten Arbeitstag. Und am 21. klingelte kein Telefon mehr. Niemand bemühte sich um mich oder suchte meine Meinung. Die Karawane zog weiter. Und ich fühlte mich, als hätte man mir meinen Mantel genommen, der mich über Jahre so besonders erscheinen ließ.

Darunter trug ich nur ein T-Shirt, auf dem stand: ehemaliger Kampagnenchef. Besonders, so viel stand fest, fühlte ich mich in dem Moment gerade nicht mehr. Aber immerhin trug ich so irgendwie meine Legacy weiter mit mir.

Und so war ich fortan der Ehemalige. Mit diesem Selbstbild wandelte ich wochenlang durch die Gegend auf der Suche nach meinem neuen Mantel. Mit überschaubarem Erfolg.

Ich schaute mir die Mäntel anderer an, sie waren beeindruckend. Aber passten sie auch mir? Bis mir an einem Tag ein Interview von der – was für eine Ironie – ehemaligen (!) US-Außenministerin Condoleezza Rice in die Hände fiel.

Darin sagte sie: Das Wichtigste, worauf du deine Zeit konzentrieren solltest, ist zum nächsten Kapitel überzugehen und nicht in der

Vergangenheit hängen zu bleiben. Sie selbst, sagt Rice, habe nicht vor, eine "ehemalige Irgendetwas" zu sein. Vielmehr wolle sie eine "zukünftige Irgendetwas-Anderes" sein.

In ihrem Fall Professorin an der Elite-Uni Stanford. Boom. Das ist eine Ansage. Noch am selben Tag beschloss ich: Ich bin Unternehmer. Wofür, oder womit, das wusste ich zu diesem Zeitpunkt natürlich noch nicht. Und es war mir auch irgendwie egal.

Vielmehr hatte ich eine Entscheidung über meine eigene Identität getroffen. Wer bin ich und was will ich. Und noch wichtiger: Ich hatte damit ein neues Kapitel aufgeschlagen. Ein weißes Blatt Papier, das nur darauf wartete, von mir beschrieben zu werden. Frei von Vergangenheit und auch frei von fremden Zuschreibungen.

Manchmal muss man Dinge abschließen und hinter sich lassen, damit Neues entstehen kann. Heute schreiben Medien immer öfter über den „Unternehmer Philipp Maderthaner". Diesen Mantel werde ich wohl noch eine Zeit lang tragen. Der Unterschied zu damals: Auf dem T-Shirt, das ich darunter trage, steht „zukünftiger Irgendetwas-Anderes". Was das ist, bleibt noch mein Geheimnis.

MANCHMAL
MUSS MAN DINGE
ABSCHLIESSEN
UND HINTER SICH
LASSEN, DAMIT
NEUES ENTSTEHEN
KANN.

11

NUMMER ELF

Begeistern!

Ich träume von einer Welt, in der wir einander mit ansteckender Begeisterung begegnen. In der Menschen ihre Leidenschaft nicht nur finden, sondern auch leben. Und in der Funken dieser Leidenschaft auf andere überspringen und dort Freude, Erfüllung und Energie bewirken.

Es ist eines der größten Geschenke überhaupt, spüren zu dürfen, wenn man in anderen etwas auslösen konnte. Ich für meinen Teil bin fast süchtig danach.

Ich liebe diese Momente. Wo ein Kunde im positivsten Sinne völlig fertig nach einer Präsentation im Sessel hängt und es nicht fassen kann, was hier gerade passiert ist – mit einem satten Grinsen im Gesicht, das nur eines zeigt: pure Freude!

Wenn die Menge vor Begeisterung grölt und tobt, wie zuletzt bei einem Auftritt vor hunderten, großteils jungen Menschen, denen ich Richtung und Mut geben durfte, wenn es darum geht, ihre Leidenschaft zu finden und zu verfolgen. Oder wenn ich erleben darf, dass eine Führungskraft aus meinem Team einen Durchbruch in der persönlichen Entwicklung schafft und sich im Gesichtsausdruck des Gegenübers eine Mischung aus Stolz, Dankbarkeit und Glückseligkeit breit macht. I'm loving it. Dafür lebe ich. Und das ist es, was mich weiter antreibt, dranzubleiben.

Es gelingt mir immer öfter und besser, andere mit meiner Leidenschaft – und der daraus resultierenden Energie – anzustecken.

Das war nicht immer so. Ich hatte auch schon schlechte Präsentationen, miese Auftritte und versemmelte Mitarbeitergespräche (und vieles mehr!).

Den Grund dafür konnte ich über die Jahre ganz gut festmachen. Jedes Mal, wenn es nicht funktionierte, stand mir mein eigenes Interesse, man könnte sagen mein Ego, im Weg.

Ich konzentrierte mich zu sehr auf mich, darauf, was mir wichtig war, was ich wollte, wie ich wirken will – man möchte fast meinen, ich wollte es einfach zu sehr. Die Anerkennung, die Bestätigung, die Wertschätzung der Anderen.

Heute weiß ich, dass dieser Weg von vornherein zum Scheitern verurteilt ist. Es ist die Absicht, mit der man etwas tut, die darüber entscheidet, was am Ende dabei herauskommt.

Absicht und Ergebnis sind wie Ursache und Wirkung fast per Naturgesetz miteinander verbunden. Und die einzige Absicht, die dazu angetan ist, in jemandem wahre Begeisterung auszulösen, ist die Absicht zu dienen.

Jedes Mal, wenn ich beim Schreiben dieser Zeilen feststelle, dass ich mit dem, was ich schreibe, gerade beeindrucken will, lösche ich die Zeilen sofort und konzentriere mich wieder darauf, worum es mir tatsächlich geht: Den Menschen, die das hier lesen, zu dienen.

Etwas beizutragen, ihnen Nutzen zu stiften, sie zu unterstützen. Gelingt mir das immer? Sicher nicht. Immer öfter? Definitiv. Ich versuche so gut es geht, mich bei dem, was ich tue, auf die Bedeutung für andere zu konzentrieren.

Sie ist es, die meinem Tun Gewicht gibt, die mir meine Verantwortung vor Augen führt und die es zu etwas „Großem“ und Erfüllenden macht. Und die dort oder da auch wahre Begeisterung auslöst.

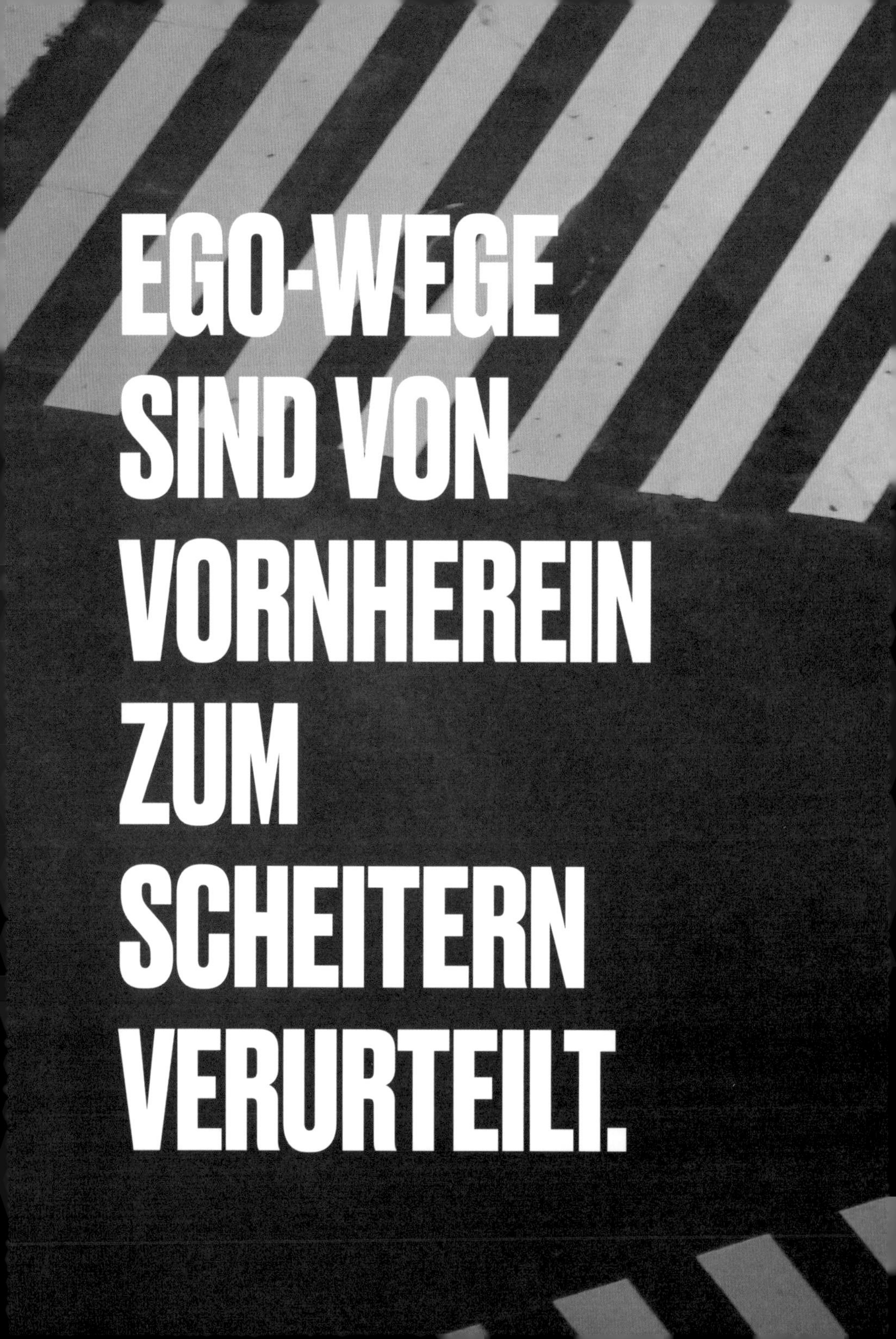

EGO-WEGE SIND VON VORNHEREIN ZUM SCHEITERN VERURTEILT.

12

NUMMER ZWÖLF

Machen!

Im Kopfkino bin ich ungeschlagener Meister. Da stehe ich längst auf noch größeren Bühnen, habe Bücher geschrieben, Unternehmen gegründet, Preise abgeräumt und ja, Sport mache ich dort auch, so wie ich sollte.

Ich weiß nicht, ob es das Schicksal des Visionärs ist, im Morgen zu leben, anstatt im Heute umzusetzen. Aber was ich weiß, ist: Zwischen zwei Ohren haben große Veränderungen zwar stets begonnen, aber selten geendet.

Die Devise lautet: Machen! Warum aber fällt es uns so schwer ins Tun zu kommen? Die Antwort ist so simpel wie erschütternd: weil es meist einfacher ist, nichts zu tun. Weil entweder Schmerz oder Hoffnung nicht groß genug oder die Hürde, um loszulegen, nicht niedrig genug ist.

Schlimm daran ist nur, dass ich es eigentlich besser wissen sollte. Um nichts anderes geht's im Campaigning, das ich jahrelang als meine Leidenschaft perfektioniert habe.

Wenn Menschen für eine Kampagne aktiv werden, also etwas beitragen sollen, dann funktioniert das genau unter zwei Umständen: Man muss Erwartungen nach oben schrauben, während man die Hürden für Teilhabe nach unten drückt. Menschliches Verhalten unter der Lupe. So einfach geht's – bei anderen.

Der geniale High-Performance Coach Manfred Winterheller nennt die beiden Ebenen „Mind Expander" und „Flywheel". Ein „Mind Expander", mit dem man jenen Muskel trainiert, der es einem ermöglicht, große Ziele zu haben. Und ein „Flywheel" (Schwungrad, Anm.), mit dem man durch permanentes, kleines Anschieben zu unaufhaltsamer Schwungkraft gelangt. Sein Ansatz ist schlichtweg revolutionär: Kleinste Schritte bei großen Zielen stärken die Umsetzung.

Mein Traum, ein eigenes Buch zu schreiben, in dem ich meine Erfahrungen teile, begleitet mich seit vielen, vielen Jahren. Dabei ist die Tatsache, dass es dieses Buch noch nicht gibt, nicht etwa dem Umstand geschuldet, dass ich keine Lust am Schreiben hätte, oder keine Zeit, oder sonst einer Ausrede.

Ein Fachbuch liegt seit eineinhalb Jahren fast fertig in meiner Schublade. Unveröffentlicht. Aus Angst, es wäre nicht perfekt. Die Hürde, ein perfektes Gesamtkunstwerk zu schaffen war einfach zu hoch.

Und dann kam da story.one, diese großartige Plattform für Kurzgeschichten. Und ich traute mich, die erste zu veröffentlichen. Dann die zweite. Und die dritte. Plötzlich schrieb ich jeden Tag eine. Jede Geschichte dabei in sich geschlossen. Jede sofort nach dem Schreiben veröffentlicht – und nicht etwa aufgespart für eine neuerliche Korrekturschleife. Augen zu und durch. Und zusammen ergeben sie dann ein Buch.

Perfekt? Vermutlich nicht. Umgesetzt? Aber sowas von! Das Manuskript für mein unfertiges Fachbuch habe ich nun übrigens auch an einen erfahrenen Verleger geschickt. Er wird mir sagen, was davon zu halten ist. Ob das Fundament stimmt oder nur die Abrissbirne hilft.

Wie auch immer sein Urteil ausfällt: Der Umsetzung bin ich damit schon jetzt einen Schritt näher. Und beim Sport? Da stehe ich bei fünf Liegestützen am Tag. Immerhin 1.825 im Jahr.

DIE DEVISE LAUTET: MACHEN!

13

NUMMER DREIZEHN

Wachsen!

Diese permanente Selbstoptimierung kann einen ganz schön fertig machen. Tim Ferris („Die 4 Stunden Woche"), Tony Robbins („Unlimited Power") oder Robin Sharma („5am Club") – ich hatte sie alle.

Ich stand jeden Tag um fünf Uhr morgens auf, ich hatte meine Tagesroutine, schrieb meine Journale, machte meine Übungen, arbeitete an meinen Glaubenssätzen. Ich änderte dies, ich implementierte das. Ein Rädchen da, eine Schraube dort. Das Leben als Maschine, nur eben immer „under construction". Eineinhalb Jahre lang dokterte ich sprichwörtlich an mir herum. Bis ich mich eines Tages bei der Frage ertappte: Warum eigentlich?

Warum mache ich all das? Wann bist du endlich einmal zufrieden mit dir? Gibt es den Moment, wo du einfach in deiner Mitte angekommen bist und dich glücklich zurücklehnst? Oder geht es einfach immer so weiter? War meine Selbstoptimierung zum Selbstzweck verkommen? Ich beschloss, ein neues Experiment zu starten: Selbstzufriedenheit.

Fortan ohne Wecker, ohne Routinen. Ohne jede Woche ein neues Buch zu lesen, das mich „besser" machen sollte. Ich wollte einfach baden in einem Meer von Erreichtem, Erarbeitetem und bisheriger Errungenschaften. Genießen. Mich einfach treiben lassen. Zufrieden sein. Es fühlte sich gut an. Ich war jung, ich hatte was erreicht.

Aber hatte ich das wirklich? Ein, zwei Jahre waren wieder ins Land gezogen und ich ertappte mich dabei, dass mein Antrieb schwächer wurde. Ich hatte keine großen Ziele mehr, keine großen Ambitionen – und auch die Ergebnisse ließen wenig überraschend zu wünschen übrig.

Mein Einkommen stagnierte, mein Unternehmen war zwar gut, aber auch schon mal besser unterwegs und meine Träume verfolgte ich nur noch unzureichend. Aus Selbstzufriedenheit war Sattheit geworden – oder besser: Sattgefressenheit.

Nun saß ich da. Ratlos. Fühlte mich wie auf einer dieser riesigen Hochschaukeln am Rummelplatz, die immerzu nach vorne schwang, und wieder zurück. Wie ein überlebensgroßes Pendel. Von einem Extrem ins nächste. Und wieder zurück. Vom Arbeiten an mir selbst in die Sehnsucht nach mehr Zufriedenheit mit mir. Von der Zufriedenheit mit mir in die Sattheit. Von der Sattheit in die Unzufriedenheit. Und wieder zurück ins An-mir-Arbeiten.

Wer bitte soll daraus schlau werden? Nur langsam reifte der Gedanke in mir: Was, wenn das der Weg zur eigenen Mitte war? Der Weg des Heranwachsens zur besten Version meiner selbst?

Ein Pendel, das mal in die eine Richtung ausschlägt, dann in die andere. Anfangs noch extrem. Und mit zunehmender Übung immer sanfter. Bis zu dem Punkt, an dem der Drang, weiterzukommen, und die innere Zufriedenheit mit sich selbst keinen Widerspruch mehr darstellten.

Das musste dann die berühmte Mitte sein, nach der wir alle suchen. Bin ich schon dort? Ich befürchte nein. Komme ich dem Ganzen immer näher? Ich denke ja. Dankbar für alles, was ist. Und hungrig auf alles, was noch kommt. Heute klingt das ganz stimmig. Wie das Pendel morgen ausschlägt, wird man sehen.

SELBSTZUFRIEDENHEIT
UND DER DRANG
WEITERZUKOMMEN
SIND KEIN
WIDERSPRUCH

14

NUMMER VIERZEHN

Leuchten!

Mein erfolgreichster Bühnenauftritt bisher war auch gleichzeitig mein ehrlichster. Dabei hätte ich um Haaresbreite diese Chance vergeben. Zum ersten Mal wurde ich eingeladen, über mich zu sprechen, über meinen Weg und darüber, wie ich meine Bestimmung gefunden habe – nicht so wie sonst über ein Expertenthema.

Als ich mich am Rücksitz des Wagens, der mich zur Veranstaltung fuhr, vorbereitete, kreisten meine Gedanken. Ein Rolemodel wollte ich sein, für diese großteils jungen Leute. Coole Ansagen wollte ich ihnen mitgeben. Ich bastelte an fancy Keynote-Folien, die mich und meinen Weg ins rechte Licht rücken sollten. Ich verfasste smarte Sprüche in meinen Notizen, die ich dann spontan aufgreifen konnte. Die perfekte Inszenierung.

Dort angekommen, wartete ich hinter der Bühne auf meinen Auftritt. Und etwas in mir sagte: Du musst was beitragen. Es geht hier nicht um dich. Du musst ein Leuchtturm sein für diese Leute. Ein echter Leuchtturm! Keine Show. Du musst ehrlich sein.

Als ich dann 30 Sekunden vor meinem Auftritt, schon während der Anmoderation, meine gesamten Notizen wegwarf, war das nicht so durchdacht. Schweißperlen machten sich auf meiner Stirn breit, als ich auf die Bühne ging und mir bewusst wurde, was ich da gerade getan hatte.

Nun stand ich da, völlig blank. Und erinnerte mich an meinen Vorsatz: Sei ehrlich, trag was bei, sei ein Leuchtturm. Und so eröffnete ich mit der ehrlichen Einsicht, dass mir das heute etwas unangenehm war. So über mich zu sprechen, weil ich das sonst nicht tue. Ich erzählte von meinen Irrwegen und Krisen auf der Suche nach meinem Weg. Von meiner Angst, nichts Bedeutsames zu schaffen. Ich verriet sogar, dass der einzige Grund, warum ich mal eine Konferenz organisierte, jener war, dass mich sonst keiner einlud, über meine Expertise zu sprechen. Und ich mir darum selbst eine Bühne schaffen musste. Ich erzählte und erzählte. Von Höhen und Tiefen. Von Erfolgen und Niederlagen. Von Emotionen und Krisen. Und die Menge tobte vor Begeisterung, sie grölte förmlich.

Nach dem Auftritt scharten sich traubenweise junge Menschen um mich, die mehr wissen wollten. Die Rat suchten. Die hofften, in mir einen Leuchtturm gefunden zu haben, der ihnen dabei hilft, ihre eigene Richtung zu erkennen.

Dabei war ich einfach nur ehrlich und offen. Habe das geteilt, was ist. So, wie es wirklich war. Nur eben ohne es im Instagram-Style zu beschönigen. Ohne Filter. Es war echt. Das konnte man spüren. Erst die Echtheit, die Ehrlichkeit macht dich neben deinen Erfolgen zum Leuchtturm.

Menschen, die nur kluge Sprüche klopfen (meist nichtmal die eigenen!), um sich damit als erfolgreich zu inszenieren, oder sich anderweitig aufpolieren, gibt es reichlich.

Blenden ist heutzutage keine Kunst. Menschen den Weg zu leuchten hingegen schon. Dazu braucht es Ehrlichkeit im Umgang mit der eigenen Imperfektion. Und Offenheit mit den eigenen, auch schmerzvollen Erfahrungen. Die Frage ist also: Blendest du noch oder leuchtest du schon?

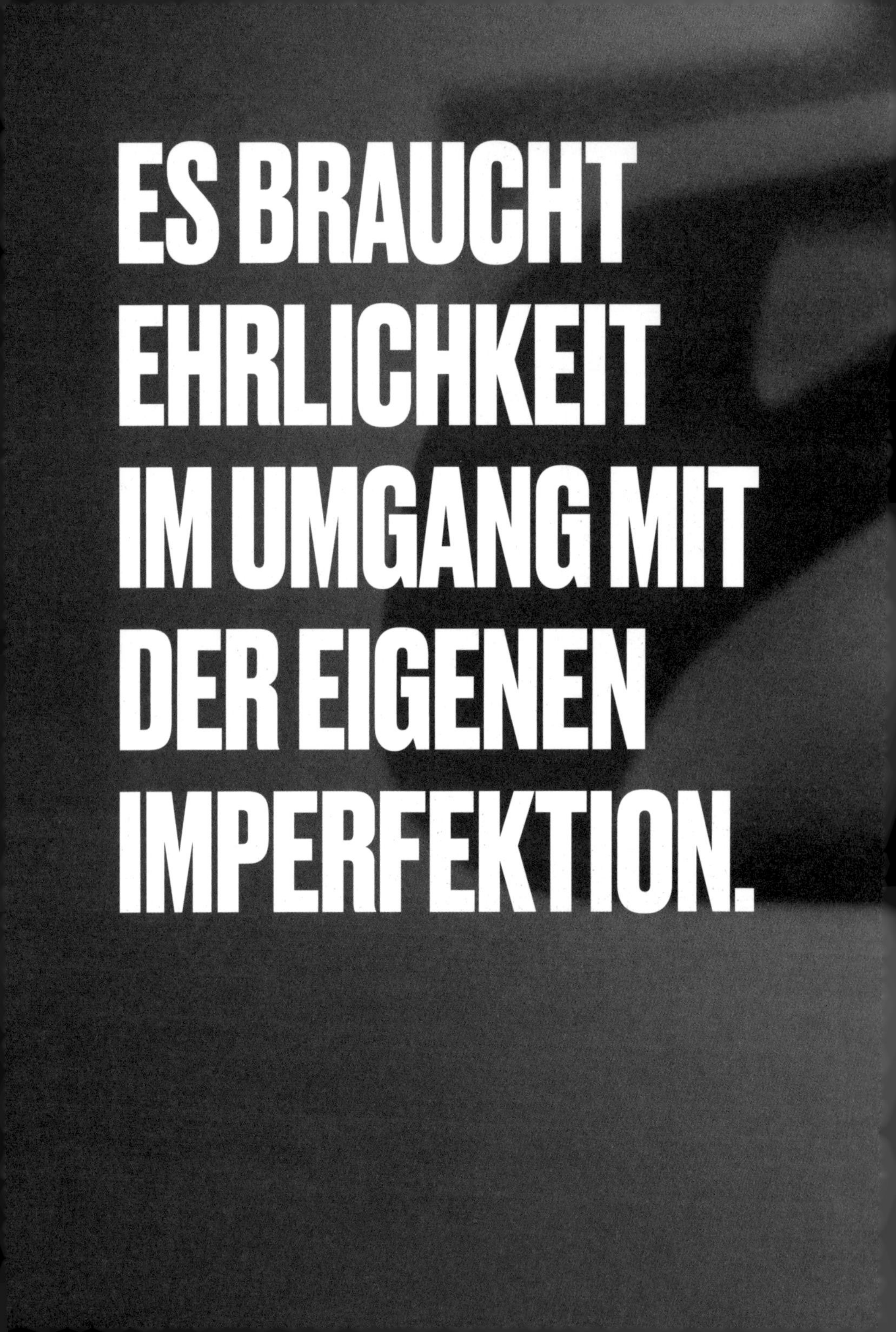

ES BRAUCHT EHRLICHKEIT IM UMGANG MIT DER EIGENEN IMPERFEKTION.

15

NUMMER FÜNFZEHN

Abschalten!

Du musst für deine Sache brennen! Schon klar. Aber ausbrennen? Wohl eher nicht. Es gibt einen verlässlichen Weg in die Depression: von sich selbst zu verlangen, immer, und zwar rund um die Uhr und in jeder Situation, „on fire" zu sein. Begeistert, voller Leidenschaft und Energie, voller Tatendrang und Umsetzungskraft, voller Hingabe, Präsenz und Empathie im Umgang mit anderen.

Wer „High Performance" und „High Energy" als unentwegten Dauerzustand praktiziert, dem wird irgendwann die Luft ausgehen. Das wäre in etwa so, als würde ein Spitzensportler permanent Turniere spielen, ganz ohne Trainings- und Ruhephasen.

Die Ruhe ist dort Teil des Trainings. Frei nach dem Motto: Jede „on-time" braucht „down-time". Jede Energie, die investiert wird, will zunächst einmal produziert werden.

Ich hatte darüber einmal ein beeindruckendes Gespräch mit einem sehr erfolgreichen Seminar-Trainer, der mir sein Konzept dazu erklärte. Für jedes Halbtages-Seminar bucht er einen halben Auftank-Tag in seinen Kalender. So einfach, so gut. Er verstehe es als Teil seines Jobs, Energie zu tanken, die er danach in seinen Seminaren an die Teilnehmer weitergibt. Was für ein Profi!

Der gelernte Selbstkasteier sieht das natürlich anders. Ich muss performen. Ich muss abliefern. Ich muss das schaffen. Ich muss. So, als wärst du eine Maschine, die einfach funktionieren muss. Dein Auto pflegst du wie ein Juwel. Dein Haustier bekommt nur das Beste. Aber du, du musst einfach funktionieren.

Und wehe, wenn du einmal nicht funktionierst, dann haust du dir mit der Keule gleich mal eine drüber. Ist ja nur konsequent von jemandem, der seine starken Momente unterdurchschnittlich würdigt, sich für seine schwachen überdurchschnittlich zu verteufeln.

Einmal nicht im sprichwörtlichen Flow und schon kommt die Angst: Warum bin ich nicht gut drauf? Warum bin ich nicht motiviert? Eine Frage, die in etwa so vernünftig ist, wie sich zu fragen, warum man nicht schlafen kann, wenn man nachts wach liegt. Je mehr man schlafen will, umso weniger funktioniert's. Kann ich aus eigener, erfreulicherweise abgeschlossener Erfahrung berichten.

Schlafen ist ein Zustand, und nicht etwas, was du bewusst steuern kannst. Alles, was du tun kannst, ist die besten Rahmenbedingungen dafür zu schaffen. Das Ergebnis ist dann: Schlaf. So funktioniert's auch mit deiner Energie, deinem Drive und deiner Zuversicht.

Sei gut zu dir – beute dich nicht aus und verlange nichts Unmenschliches. Sei nett zu dir – hör auf, dauernd auf dir rumzuhacken. Sei dir was Wert – bereite dir Freude mit schönen Erlebnissen. Schau auf dich, achte auf deinen Körper, deine Gesundheit.

Gib dich nur mit dem Besten zufrieden, bei Menschen ebenso, wie bei allem anderen. Gönn dir was, egal ob Ruhe oder eben mal ein kleines Tief.

Kein einzelner Gedanke kann alles zerstören. Ich für meinen Teil werde mich für den Abschluss dieser Zeilen heute feiern. Mit einer Portion Nichtstun und einer Prise Faulheit. Morgen geht's dann wieder weiter.

NACHWORT

Nachwort

Seine eigenen Geschichten zu teilen, erfordert Mut. Mut, den ich bis vor Kurzem noch nicht in der Lage war, aufzubringen. Wo es doch viel einfacher ist, sich hinter einem Wikipedia-Eintrag, einem sorgfältig gepflegten Image, zu verstecken. Hinter einer vermeintlichen Perfektion.

Dabei ist es nicht die Perfektion, die einen schützt – etwa vor Neid oder Missgunst. Ganz im Gegenteil. Es sind die eigenen Fehler, Schwächen und Niederlagen, die dich unverwundbar machen – wenn du bereit bist, sie zu teilen.

Dieses kleine Buch beinhaltet meine höchstpersönlichen Wahrheiten. Mit Wahrheiten meine ich Erkenntnisse, die für mich persönlich „wahr" wurden. Weil es in bestimmten Momenten „Klick" gemacht hat. Und sich mir dadurch eine Einsicht offenbarte, die fortan meinen Blick auf die Dinge bestimmte.

Dabei war mein eigener Beitrag sehr bescheiden. Ich war einfach dabei – und habe es nicht verhindert. Auslöser waren stets andere Menschen. Ohne diese Menschen gäbe es diese Wahrheiten nicht. Ich kann ihnen gar nicht genug danken.

Sie haben mich gefordert, inspiriert, hinterfragt, geärgert, gelobt, kritisiert, gefördert, hintergangen, bewundert, beneidet, unterstützt, behindert, überschätzt und unterschätzt.

Und sie bescherten mir dadurch eines der wunderbarsten Geschenke überhaupt: Selbsterkenntnis. Ganz nach dem legendären Leonard Cohen („There is a crack in everything. That's how the light gets in") waren sie für mich der Spalt, durch den ich das Licht, meine Wahrheit, sehen konnte.

Ein solcher „crack" will ich mit diesen Zeilen für dich sein. Es geht nicht darum, meine Wahrheiten als deine eigenen zu übernehmen. Manche von ihnen werden dich bekräftigen, andere aufregen, und wieder andere vielleicht einfach kalt lassen.

In jeder einzelnen Antwort auf diese Fragen steckt eine wertvolle Erkenntnis für dich. Warum lässt es dich kalt? Warum regt es dich auf? Warum fühlst du dich bekräftigt? Und was erfährst du dadurch über dich? Erst, wenn es in dir „Klick" macht, wird die Erkenntnis zu deiner Wahrheit. Und erst, wenn du was änderst, wird daraus deine eigene Wirklichkeit.

Wir sind alle geboren, um Großes zu bewegen. Also, worauf wartest du?

WORAUF WARTEST DU?

Auf philippmaderthaner.com findest du mehr Tipps, Ratschläge, Kurse und Methoden, um Erfüllung, Begeisterung und Erfolg in deinem Alltag zu finden.

Wenn ich mit diesem Buch etwas bei dir auslösen konnte, lass es mich wissen.

Sei ein „crack" für mich und schreib mir:
hallo@philippmaderthaner.com

Ich werde jede einzelne Nachricht lesen, das verspreche ich!

ÜBER DEN AUTOR:

Philipp Maderthaner ist erfolgreicher Unternehmer, gefragter Speaker und führender Kommunikationsexperte im deutschsprachigen Raum. Er hat mit seinen Kampagnen Millionen Menschen erreicht, begeistert und bewegt. Auf seinen Rat hören führende Unternehmen - vom internationalen Konzern bis zum Start-up. Zuletzt gilt er als "Kanzlermacher" des Phänomen Sebastian Kurz.

Er gilt als Pionier des modernen Campaigning und hat die Art, wie Kampagnen geführt werden, revolutioniert. Dafür wurde er in den USA mit dem "Rising Star Award" des renommierten Magazins "Campaigns & Elections" geehrt. Für seine unternehmerische Leistung wurde er jüngst als "Unternehmer des Jahres" ausgezeichnet.

Heute begleitet er Unternehmerinnen und Unternehmer auf ihrem Weg zu Erfolg, Erfüllung und Freiheit. Und er ist zündender Funke für alle, die Großes bewegen wollen.